AF283744

OSCURO

Textos aparte
TEATRO CONTEMPORÁNEO

Edita: Arola Editors
1a edición: Mayo 2025
© del texto: Eric Martínez Girón
© de los prólogos Sergi Belbel y Alexa Kuve
Revisión lingüística: Gloria Flores
Diseño gráfico: Arola Editors
Impresión: Gràfiques Arrels
ISBN: 979-13-990364-0-4
Depósito legal: T 514-2025

Colección Textos aparte

Polígon Francolí, Parcel·la 3
43006 Tarragona
Tel.: 977 553 707
arola@arolaeditors.com
arolaeditors.com

OSCURO

Eric Martínez Girón

Prólogos de Sergi Belbel y Alexa Kuve

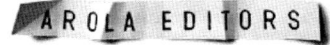

AROLA EDITORS

ÍNDEX

Dedicada a todos los silenciados.

OSCURO – NO MIRES A OTRO LADO

Eric Martínez Girón emerge en el panorama teatral contemporáneo con *Oscuro*, una obra que desafía las convenciones dramáticas tradicionales para abordar una de las realidades más sombrías de nuestra sociedad. Valiéndose de una estructura narrativa que entrelaza tres líneas temporales, Martínez Girón construye un relato poderoso sobre el trauma, la redención y la resistencia del espíritu humano.

La obra destaca por su valentía al enfrentar temas complejos y dolorosos sin caer en el sensacionalismo fácil. A través de sus personajes principales —Aitor, Mateo y el Niño— el autor teje una red de relaciones y acontecimientos que exploran las consecuencias a largo plazo del abuso infantil, mientras plantea preguntas fundamentales sobre la responsabilidad, el perdón y la posibilidad de sanación.

Oscuro no es una obra sobre el trauma; es un testimonio de esperanza que demuestra cómo el teatro puede ser una herramienta poderosa para confrontar realidades incómodas y necesarias. El autor consigue iluminar las zonas más oscuras del alma humana sin olvidar la luz que habita en ellas.

Esta ópera de Eric Martínez Girón augura una voz prometedora en la dramaturgia contemporánea, una voz capaz de adentrarse en territorios complejos y extraer de ellos verdades universales sobre la condición humana. *Oscuro* permanece en la memoria del lector mucho después de cerrar sus páginas.

ALEXA KUVE

OSCURO

PERSONAJES

AITOR / AITOR niño

MATEO / MATEO niño

NIÑO

1987

MATEO NIÑO se encuentra realizando un entrenamiento formado por flexiones, sentadillas y saltos.

Se escucha una voz.

VOZ: ¡Es la hora!

MATEO NIÑO se cuadra mirando al frente.

VOZ: Hoy... Tú serás el elegido... ¡Actúa!

MATEO NIÑO coge rápido un rifle de perdigones y lo carga.

MATEO NIÑO: ¡Empezad a correr hijos de puta!

Se escuchan un montón de voces y de niños corriendo.

MATEO NIÑO empieza a disparar.

MATEO NIÑO: ¡Vamos!

MATEO NIÑO sigue disparando.

Oscuro.

Luz.

2002

Aitor entra en la habitación con un niño.

Aitor y el niño se quitan la chaqueta a la vez y la posicionan cada uno en un lado de la habitación.

Aitor: ¿Has cenado?

Niño: No, aún no.

Aitor: ¿Y eso?

Niño: No tengo mucha hambre.

Aitor: ¿Sueles cenar tarde?

Niño: Suelo cenar... A veces.

Aitor: ¿Quieres cenar esta noche?

Niño: ¿Me vas a invitar?

Aitor: Si quieres, podemos pedir algo.

Niño: ¿Qué te gusta?

Aitor: ¿A mí? No sé... Todo...

Niño: ¿Cuál es tu plato preferido?

Aitor: El pollo rebozado.

Niño: Está bueno.

Aitor: ¿Y el tuyo? ¿Cuál es tu plato preferido?

Niño, *sonriendo*: El que está lleno.

   Los dos se ríen.

Aitor: Supongo que el mío también.

Niño: ¿Comes mucho pollo rebozado?

Aitor: Todo el que puedo.

Niño: A mí me da igual, pero si me invitas, elije tú...

Aitor: No, elige tú.

Niño: ¿Puedo elegir lo que quiera?

Aitor, *irónico*: Mientras no sea caviar...

Niño: Qué asco...

Aitor: ¿No te gusta el caviar?

Niño: Que va, está asqueroso.

Aitor: ¿Lo has probado?

Niño: Sí, una vez, en una fiesta...

Aitor: Tuvo que ser una fiesta muy cara.

Niño: Estuve poco tiempo... Me fui rápido...

   Oscuro.

1987

MATEO NIÑO se encuentra tumbado en la cama leyendo un libro y escuchando la radio.

Voz: Y hemos dejamos de lado ese «Boys, Boys» de Sabrina, para ir con otro «Boy, boy» de verdad, un chico del que estamos seguros de que muchos de vosotros habéis forrado vuestra carpeta con sus fotos... Con ustedes ¡Luis Miguel!

Se escuchan aplausos.

Se escucha la canción 1+1=2 Enamorados *de Luis Miguel.*

MATEO NIÑO se levanta y empieza a cantarla.

MATEO NIÑO canta y baila la canción.

Se corta la canción por un locutor que habla.

MATEO NIÑO escucha atentamente.

Interrumpimos la retransmisión del programa para informar de que se ha podido observar un objeto volador, no identificado en el cielo de Madrid, sin duda alguna, sin duda alguna, podemos dar fe, de que dicho objeto, sí, es un vehículo extraterrestre.

Mateo niño sale corriendo de la cama, coge la pelota y baja a la calle.

Barrio.

Mateo niño mira al cielo.

Mateo niño, *al público*: Cada día al despertar, llena de curiosidad, miro al mundo con los ojos, niños... FANDANGO, AUTOS, MODA Y ROCK AND ROLL.

Mateo niño chuta la pelota fuera de escena.

Se escucha un golpe y un quejido.

Aitor niño, *con la pelota en la mano*: ¿Cómo pudiste hacerme esto a mí? ALASKA Y DINARAMA.

Mateo niño: Lo que yo sentí, fue una ilusión... Lo siento, LOS CHICHOS.

Aitor niño: Tranquilo, me voy... Tranquilo, tal cual como soy... JOSÉ, JOSÉ.

Mateo niño, *al público*: ¿Quién será? Uououo... ¿Quién será? CAMILO SEXTO.

Aitor niño: No vengo, ni voy, me da lo mismo quedarme o seguir, JULIO IGLESIAS.

Mateo niño: Háblame de ti, de la libertad, si las clases te aburren, dime a dónde vas, háblame de ti... De la soledad... LOS PECOS.

Aitor niño: No soy de aquí, ni soy de allá, no tengo edad, ni porvenir, ni ser feliz, es mi color de identidad... FACUNDO CABRAL.

Mateo niño: Dime señor ¿A quién tengo que esperar? MOCEDADES.

AITOR NIÑO: La verdad, te diré, ya no hay dónde huir, en este paraíso se vive muy mal. LA POLLA RECORDS.

MATEO NIÑO: Alucina, vecina. GUGU DE BERJUSA.

AITOR NIÑO: Hay costumbres, que se mantienen arraigadas y fuertes a través de los años. CUAJADA DANONE.

MATEO NIÑO: Desde que inventamos Nocilla, corren por ahí los hombres fuertes de Nocilla.

AITOR NIÑO Y MATEO NIÑO: Leche.
Cacao.
Avellanas.
Y Azúcar.
Nocillaaaa.

Se ríen.

NOCILLA.

Se sientan en el suelo.

AITOR NIÑO: Estabais aburridos, sin nada que hacer.
Mirando a las paredes y al suelo también.
De pronto alguien dijo, poneos de pie.
Ya vienen, ya vienen, ya vienen, ¿Los ves?

MATEO NIÑO se levanta confuso y mira al público.

Saltasteis de contentos al verlos llegar.
Salisteis a la puerta, a prisa entrar.
Y al ver lo que traemos, dijisteis así.
¿Qué es eso? ¿Qué es eso, qué es eso, decid?

AITOR NIÑO saluda efusivo al público.

MATEO NIÑO saluda confuso.

Hola, amigos, ya estamos aquí.
Con este juego que es nuevo, nuevo.
Si alguien no lo ha visto que se fije en mí.

Los dos se van.

2002

AITOR: ¿Te gustan las fiestas?

NIÑO: No mucho.

AITOR: ¿Has ido a muchas?

NIÑO: A unas cuantas.

AITOR: ¿Qué es lo que no te gusta de las fiestas?

NIÑO: La música que ponen.

AITOR: ¿Por qué?

NIÑO: Es vieja...

AITOR: ¿Qué música te gusta?

NIÑO: La clásica.

AITOR: ¿Y esa no es vieja?

NIÑO: No... Esa es magnífica.

AITOR: ¿Qué es viejo para ti?

NIÑO: Todo a lo que le falte pelo. O tenga mucho.

AITOR: ¿Crees que soy viejo?

NIÑO: Más que yo, sí.

AITOR: ¿Qué edad crees que tengo?

NIÑO: Preguntarlo es de mala de educación.

Aitor: Pero no lo has hecho.

Niño: Ni lo haré.

Aitor: ¿Te gustaría saberlo?

Niño: Si quieres decírmelo...

Aitor: Si no quieres, no te lo digo.

Niño: Pues no lo hagas entonces... No me apetece oírlo.

Silencio.

Aitor: ¿Alguna vez has escuchado música clásica en directo?

Niño: Solo una vez... Hace tiempo...

Aitor: ¿De quién?

Niño: Un grupo muy chulo... Le cantaban una canción a una chica...

Aitor: ¿Y por qué se la cantaban?

Niño: Porque su madre la estaba buscando... Y no tenía donde dormir...

Aitor: Tenía que ser muy desgraciada...

Niño: Sí... A veces cuesta encontrar una buena cama...

Aitor: ¿Quieres ir un día?

Niño: ¿A dónde?

Aitor: A un concierto en directo...

Niño, *emocionado***:** Me encantaría...

Aitor: Podemos ir juntos...

Niño, *desilusionado***:** Ah... Si... Claro...

Aitor: ¿Es que no quieres ir conmigo?

Niño, *irónico***:** Claro... Tú decides.

Aitor: No... Decidimos.

Niño, *irónico***:** Ya...

Pausa.

Aitor: Podríamos pedir una pizza.

Niño: Claro.

Aitor: ¿Te apetece?

Niño: Sí.

Aitor: Si no te apetece puedo pedir otra cosa.

Niño: No, una pizza está bien.

Aitor: Va en serio, podemos comer otra cosa.

Niño: ¿Quieres otra cosa?

Aitor: A mí me da igual, como de todo.

Niño, *directo***:** Yo también.

Aitor: Pero puedes decidir esta noche.

Niño: Estás tú para decidir.

Aitor: Yo no tengo mucha hambre.

Niño: Pues no comemos... No pasa nada.

Silencio.

Aitor: ¿No tienes calor con esa ropa?

Niño: No... (*Quitándose la camiseta.*) Pero si quieres me la quito.

Aitor, *directo***:** Yo no he dicho eso.

Niño, *parando de quitarse la camiseta***:** ¿Entonces qué has dicho?

Aitor: Te estaba preguntando si tenías calor.

Niño: Yo no ¿Lo tienes tú?

Aitor: Un poco.

Niño: Pues quítate la ropa si quieres.

Aitor: No, soporto bien el calor... Lo prefiero al frío.

Niño: El frío es horrible...

Aitor: Menos mal que estamos en esta habitación.

Niño, *evasivo***:** Sí... Menos mal.

El NIÑO se tumba en la cama.

2000

Mateo y Aitor entran en la habitación.

Aitor: ¿Por qué hemos venido aquí?

Mateo: ¿No te gusta el sitio?

Aitor: Sí... Desde luego, pero...

Mateo: Pero ¿Qué?

Aitor: No sé... Conducir hasta aquí...

Mateo: No me gustan mucho los hoteles del centro.

Aitor: ¿Por algún motivo en especial?

Mateo: Porque están en el centro.

Aitor lo mira confuso.

¿Qué?

Aitor: Nada... Es una tontería...

Mateo: Me encantan las tonterías...

Aitor: He tenido esa extraña sensación...

Mateo: ¿Qué sensación?

Aitor: Esa sensación... Como de haber estado aquí...

Mateo: A lo mejor has estado...

Aitor lo mira muy confuso.

(*Irónico.*) En otra vida...

Aitor sonríe.

Aitor, *evasivo***:** En otra vida...

Mateo: ¿A qué te dedicas?

Aitor: Ya te lo he dicho...

Mateo: Sí, pero la verdad es que no lo he entendido muy bien...

Aitor: Soy analista de riesgos.

Mateo: Analista de riesgos...

Aitor: Sí.

Mateo: ¿Y eso qué es?

Aitor: Trabajo para una compañía de seguros, me dedico a analizar los riesgos de los nuevos clientes... Si son o no aptos para formar parte de la aseguradora.

Mateo: Es decir, si merecen o no estar ahí.

Aitor: Sí...

Mateo: ¿Y en qué te basas para analizarlo?

Aitor: En su profesión, en su edad, en sus vicios...

Mateo, *directo***:** ¿Me has analizado a mí?

Aitor: Estoy en ello.

Mateo: ¿Y crees que soy un riesgo?

Aitor: Eso depende... ¿Tienes preservativos?

Mateo se ríe.

Mateo: En el cajón...

AITOR coge un preservativo.

¿Sigo siendo un riesgo?

AITOR, *irónico***:** Aún te estoy analizando...

MATEO: Vaya...

Silencio.

AITOR lo mira extrañado y se levanta.

¿Qué te pasa?

AITOR: Nada...

MATEO: ¿Quieres marcharte?

AITOR: No... Es... No sé...

MATEO: ¿Te encuentras mal?

AITOR: No... Es solo que...

AITOR mira a MATEO muy confuso.

(*Confuso.*) ¿Nos conocemos?

MATEO: Claro, nos hemos conocido en el pub.

2002

Niño: ¿Has venido alguna vez a este hotel?

Aitor: Más de una.

Niño: Por eso te conocían en la entrada...

Aitor: Sí...

Niño: Es muy bonita... La habitación.

Aitor: Es la mejor del hotel.

> *Aitor sale de escena.*

(*Desde fuera.*) Sí... ¿Te gusta?

Niño: ¿La habitación?

Aitor, *desde fuera***:** Estar aquí.

Niño, *evasivo***:** Claro... (*Directo.*) No hace frío...

> *Silencio.*
>
> *Aitor entra con un par de latas de Coca-Cola.*
>
> *Aitor le da una al niño.*
>
> *El niño la mira y busca algún agujero.*

Aitor: Es del minibar.

Niño: No las había visto.

AITOR: ¿Has mirado el minibar?

NIÑO: Sí, siempre lo hago cuando voy a un hotel.

AITOR: ¿Por qué?

NIÑO, *evasivo***:** Por si hay Coca-Cola...

AITOR: Ya...

2000

Aitor: No… Digo de… (*Evasivo.*) No me hagas caso… Habrá sido el cubata…

Mateo, *sonriendo***:** Si no te lo has acabado.

Aitor: Bueno, es que no me sienta muy bien el alcohol.

Mateo: ¿Y por qué bebes?

Aitor: Porque es un poco raro ir a un bar y pedirte un zumo de naranja.

Mateo: A mí me encanta el zumo de naranja… Pero también me encantan los cubatas.

Aitor: ¿Alguna vez has salido de noche y has pedido un zumo de naranja?

Mateo: Más de una vez… A mí no me importa lo que piensen los demás.

Aitor: ¿Y por qué me has traído a un hotel en las afueras?

Mateo: Por la intimidad…

Mateo besa a Aitor.

Aitor besa a Mateo.

Aitor besa a Mateo con pasión.

AITOR se aparta de MATEO y lo mira.

AITOR: M...

MATEO: ¿Sí?

AITOR: No... Me refiero... ¿Por qué te llaman M?

MATEO: Es un diminutivo.

AITOR: ¿Diminutivo de qué?

MATEO: De un nombre.

AITOR, *irónico:* Hasta ahí llego...

MATEO: Pues no hace falta que continúes.

AITOR: ¿Es que no quieres decírmelo?

MATEO: Hace un rato no te importaba de dónde venía la M...

AITOR: Te conozco...

MATEO: ¿A mí?

AITOR: Sí... He notado...

MATEO, *señalando la entrepierna:* Ya veo lo que has notado...

AITOR: No, no me refiero a eso...

MATEO: ¿A qué te refieres entonces?

AITOR: A algo... Algo del pasado...

MATEO: ¿Del pasado?

AITOR: Es como si...

MATEO lo mira muy confuso.
Silencio.

MATEO, *levantándose:* Si quieres podemos dejarlo...

AITOR: Sí... Es decir, no.

MATEO: Creo que he sido muy directo en el pub, tranquilo, yo pago el hotel...

AITOR: No, espera... No quiero que esto acabe así...

MATEO lo mira desde la puerta.

Me ha gustado...

MATEO: ¿Qué has sentido?

AITOR: Algo que no sentía desde hacía años...

MATEO se acerca poco a poco a él.

AITOR se sienta en la cama.

MATEO se sienta a su lado y le besa en los labios.

MATEO empieza a quitarle la camisa.

MATEO lo besa.

AITOR lo mira muy desconcertado.

AITOR se levanta y se dirige a la puerta.

Esto es muy raro...

MATEO: Si no estás a tono tranquilo...

AITOR: Joder, no es eso, es que...

MATEO: Estás incómodo, no hay más que verte...

AITOR: Lo siento, es que pasa algo raro... Me siento raro...

MATEO: ¿Raro? ¿No te habrás metido algo raro?

AITOR: No, joder, yo no me drogo, hasta estoy dejando de fumar...

MATEO: ¿Ah... sí?

AITOR: Sí, me pongo unos parches...

MATEO: ¿No tomas caramelos o pastillas de esas?

AITOR: No me gustan las pastillas...

MATEO, *irónico***:** Entonces descartamos las viagras...

2002

AITOR: ¿Quieres mirar algo más?

NIÑO: No... (*coqueto*) ¿Y tú?

AITOR: Creo que ya lo he visto todo.

NIÑO, *directo y morboso***:** Lo dudo...

>   *AITOR bebe de su Coca-Cola.*
>
>   *El NIÑO no lo hace.*

AITOR, *sorprendido***:** ¿No bebes?

NIÑO: Sí...

AITOR: Pues no te veo hacerlo.

NIÑO: Es que no tengo mucha sed...

AITOR: ¿Y por qué la has cogido?

NIÑO: Porque me la has dado...

AITOR: Yo estaba sediento... Me bebería otra.

>   *El NIÑO le da la Coca-Cola a AITOR.*
>
>   *AITOR bebe de la Coca-Cola del NIÑO.*

NIÑO: Espera...

AITOR: ¿Qué?

Niño: Tengo un poco de sed...

Aitor le da la Coca-Cola al niño.

El niño bebe.

Aitor: Está fresca...

Niño: Sí... Lo está.

Aitor: ¿Cuánto hace que bebes Coca-Cola?

Niño: No me acuerdo...

Aitor: No me gusta que los niños beban Coca-Cola... No es buena para ellos...

Niño, *directo*: Igual que otras cosas y tenemos que hacerlas...

Silencio.

2000

Aitor: Me refiero a las drogas.

Mateo: Todas las pastillas son drogas, solo que algunas se venden y otras se trafican.

Aitor: ¿Tú te drogas?

Mateo: ¿Legal o ilegalmente?

Aitor: ¿No dices que es lo mismo?

Mateo: Hombre, lo mismo no, hay de dos clases.

Aitor: ¿Y de qué clase eres tú?

Mateo: De las de la seguridad social.

    Aitor sonríe.

Vaya...

Aitor: ¿Qué?

Mateo: Tu sonrisa... Es bonita.

Aitor: Gracias...

    Silencio.

Oye, lo siento... No sé qué me ha dado...

Mateo: Tranquilo, no te preocupes...

Aitor: Te ha pasado alguna vez, que llegas a un sitio, y es como si ya hubieras estado aquí... Como si este momento...

Mateo: Lo repitieras...

Aitor: Sí... Exacto...

Mateo: Sí, me ha pasado...

Aitor: ¿Cómo?

Mateo: Cada vez que voy al INEM... Es lo mismo... La misma cola, la misma gente... Todo igual...

Aitor: No, pero... Da igual... Es... Como si te conociera...

Mateo: ¿A mí?

Aitor: Sí...

Mateo: Puede que nos conozcamos...

Aitor: ¿Ah... sí?

Mateo: Sí... De un sueño...

Aitor: ¿Crees que nos conocimos en un sueño?

Mateo: Puede ser... ¿Tú los recuerdas?

Aitor: Suelo hacerlo... ¿Tú te acuerdas de los sueños?

Mateo: No... (*Serio.*) Solo de las pesadillas...

    Pausa.

Aitor: ¿A qué te dedicas?

Mateo: Ya te lo he dicho en el pub, soy educador, trabajo con niños...

Aitor: ¿Es un buen trabajo?

Mateo: Sí...

Aitor: ¿Por qué elegiste eso?

Mateo: Porque los niños de ahora pagaran nuestras pensiones, y quiero asegurarme de que lleguemos a cobrarlas.

Sonríen.

2002

Aitor: A veces pasa.

Niño: ¿A usted le pasa?

Aitor: Sí, claro.

Niño: ¿Cuándo?

Aitor: En mi trabajo, en mi vida...

Niño: A mí también.

Aitor: No me gusta...

Niño: ¿El trabajo o su vida?

Aitor: Ambos...

Niño: ¿Por qué? No tiene frío... Y puede pagar este hotel... No es como yo... Ni tampoco como la chica de la canción...

Aitor: Querría estar en otro sitio... Mirar las cosas con otros ojos...

Niño: ¿Y por qué vuelve aquí?

Aitor mira al niño.

Aitor: Porque lo necesito.

Niño: Ha intentado... ¿No necesitarlo?

Aitor: Más de una vez... Pero ya forma parte de mí... Aunque pueda hacer daño a otros...

Niño: ¿Ha hecho daño a gente?

Aitor: A mucha...

Niño: ¿Y le gusta?

Aitor: Al principio sí... Ahora me asquea... Aunque es parte de mi trabajo.

Niño: Y de su vida.

Aitor: ¿Qué quieres decir?

Niño: Para mí, mi trabajo es mi vida.

Aitor: Eres un poco joven para trabajar.

Niño: Entonces lo seré también para vivir.

Silencio.

Aitor: ¿Crees que eres demasiado joven para vivir?

Niño: Bueno... No lo sé...

Aitor: De momento estás aquí ¿No?

Niño: Sí... Contigo...

Aitor: Sí... De momento.

El NIÑO lo mira confuso y asustado.

2000

AITOR: ¿Eres de aquí?

MATEO: ¿Te refieres al pueblo? No... Soy de la capital.

AITOR: Yo también...

MATEO: ¿Y qué haces aquí?

AITOR: He venido a ver a mi hermana, ha tenido un hijo...

MATEO: Enhorabuena, eres tío.

AITOR: Intento serlo.

MATEO: ¿Consigues todo lo que intentas?

AITOR: Suele ser así, claro, si no, no lo intentaría.

MATEO: Claro...

AITOR: ¿Y tú?

MATEO: ¿Yo qué?

AITOR: ¿Qué haces en este pueblo?

MATEO: La empresa nos ha trasladado este fin de semana para una formación.

AITOR: ¿Sobre qué?

MATEO: Sobre la infancia en desarrollo...

AITOR: Parece interesante.

Mateo: Pues no lo es, a decir verdad, es una chorrada...

Aitor: ¿Y eso por qué?

Mateo: Porque la infancia siempre está en desarrollo, si no lo estuviera, sería infanticidio.

Aitor: Bueno, supongo que hablarán de más de un tema...

Mateo: Sí... «La protección de la infancia».

Aitor: Ah... ¿Y cómo crees que se puede proteger a la infancia?

Mateo: Exterminando a los adultos, que son los que la ponen en peligro.

Aitor: Bueno, pero habrá otros métodos...

Mateo: Tan fiables como ese, ninguno.

Aitor: ¿Y solo habláis de la protección a la infancia?

Mateo: Bueno, también ponemos en marcha prácticas para poder identificar casos de riesgo para niños... Es decir, cómo debemos actuar ante niños en vulnerabilidad.

Aitor: Parece muy interesante.

Mateo: No lo es.

Aitor: ¿Por qué?

Mateo: Porque cómo debemos actuar, no es igual a cómo queremos actuar...

Aitor: ¿Y cómo os gustaría actuar?

Mateo, *acercándose a Aitor*: Directamente...

> *Mateo empieza a besar a Aitor.*
>
> *Aitor empieza a besar a Mateo.*
>
> *Aitor empieza a tocarle los pantalones.*

Aitor y Mateo se desplazan a la cama.

Aitor empieza a tocarle los pantalones, y descubre algo en el bolsillo.

Aitor saca del bolsillo de Mateo una pequeña linterna.

Aitor mira la linterna y se levanta de la cama muy asustado.

Aitor mira a Mateo y la linterna muy confuso y asustado.

Aitor: La M... Es de Mateo...

Mateo: Hola amigo mío...

2002

Niño: No te he visto por la zona...

Aitor: ¿Conoces a todos los que pasan por la zona?

Niño: A todos los que valen la pena.

Aitor: Tendrás muchos amigos.

Niño: Esos no son amigos... Yo no tengo amigos...

Aitor: ¿No tienes ningún amigo?

Mateo: A nosotros los amigos nos salen caros...

Aitor: Alguno debes tener...

Silencio.

Mateo: Tuve uno...

Silencio.

Aitor: ¿Y si no son amigos? ¿Cómo les llamas?

El niño reflexiona.

Niño: No lo sé... No me lo había planteado nunca...

Aitor: Alguna razón tendrás para no haberlo hecho.

Niño: Más de una... Desde luego...

El niño se fija en Aitor.

Aitor se toca la espalda.

Niño: ¿Qué te pasa en la espalda?

Aitor: Nada, una pequeña contractura...

Niño: Déjame verla...

Aitor se quita la camisa y el niño le toca la espalda.

(*Tocándole la espalda.*) Tienes una contractura en el hombro...

Aitor: ¿Ahora eres fisio?

Niño: No... Pero nosotros empezamos pronto a curar golpes...

Aitor: ¿Te has curado muchos?

Niño: Alguno que otro...

El niño le masajea la espalda a Aitor.

Realizan el siguiente parlamento sin que el niño deje de masajear a Aitor.

(*Asustado.*) ¿Me harás daño?

Aitor: Tal vez...

Niño, *asustado pero fuerte***:** Soy duro...

Aitor: No lo dudo.

Niño: Puedo aguantar...

Aitor: Todos podemos... Hasta que caemos.

Niño: ¿Tú te has caído?

Aitor: Más de una vez... Pero siempre me levanto.

Niño: ¿Por qué se levanta?

Aitor: Para volver a caerme...

Silencio.

El NIÑO *deja de masajearle y le habla.*

NIÑO: ¿Por qué me ha traído aquí?

AITOR: Ya lo sabes... No me hagas decirlo...

NIÑO: Estoy muy confuso.

AITOR: ¿Qué puedo hacer para que dejes de estarlo?

NIÑO: Apagar la calefacción.

AITOR mira al NIÑO.

2000

Mateo y Aitor se encuentran en la habitación.

Aitor se toca la cabeza pensando.

Aitor: ¿Por qué?

Mateo empieza a liarse un cigarro.

Mateo: ¿Por qué? ¿Por qué me llaman M? Me lo puso un chaval... No sé por qué me lo puso, pero me moló mucho y desde entonces me llaman así...

Mateo mira al cielo.

Miramos arriba y solo nos hacemos preguntas, en vez de mirar las respuestas de abajo... Todo esto ha sucedido antes... Y volverá a suceder.

Aitor: Hay preguntas que sería mejor no hacerse.

Mateo: ¿Por miedo?

Aitor: Por precaución...

Mateo: ¿Por precaución a qué?

Aitor: No debería estar aquí...

Mateo: Sin embargo, estás.

Aitor se dirige a vestirse.

¿Te ha gustado?

Aitor para de vestirse.

Silencio.

Aitor se dirige a marcharse.

Mateo: Mírame a los ojos, y dime que saliste de allí.

2002

AITOR: Si la apago hará frío...

NIÑO: Tiene que hacerlo para que vuelva a hacer calor...

AITOR: ¿Y quieres que vuelva a hacer calor?

NIÑO: Claro... Igual que tú... Por eso estoy aquí...

AITOR: ¿Ah sí?

NIÑO, *sentándose en la cama***:** Claro... ¿No?
    Pausa.

AITOR: ¿Solo la Coca-Cola?

NIÑO: ¿Qué?

AITOR: ¿Solo bebes Coca-Cola?

NIÑO: No, también bebo agua.

AITOR: ¿Eso bebes en las fiestas?

NIÑO: ¿Por qué me lo preguntas?

AITOR: Por si te llevo a alguna.

NIÑO: ¿Te gustan las fiestas?

AITOR: Las que valen la pena...

NIÑO: ¿En qué fiestas te mueves?

Aitor: En las que estoy invitado... Como tú ¿No?

Niño: Sí... Lo que pasa es que a veces tardan en empezar...

Aitor: A veces hay que hacer cola.

Niño: Yo nunca la he hecho...

Aitor: ¿Nunca has esperado?

Niño: Sí... Por los demás, pero nunca por mí...

Aitor mira al niño.

Aitor: Estás tenso...

Niño: ¿Eres psicólogo?

Aitor: No, pero veo cuando algo no encaja...

El niño lo mira muy confuso.

Tu postura... No te sientas correctamente...

Niño: La costumbre.

Aitor se pone detrás de él y empieza a masajearle la espalda.

Realizan todo el diálogo masajeándole la espalda.

Aitor: Te duele aquí ¿Verdad?

Niño: ¿Ahora eres tú el fisio?

Aitor: Ya te he dicho que algo no encajaba...

Niño: Eres muy sincero...

Aitor: Y tú más listo de lo que aparentas...

Niño: O más listo de lo que ves... O de lo que vas a ver...

Aitor: Veré todo lo que quieras enseñarme.

2000

MATEO, *irónico*: Ahora sí que te vendría bien una pastilla he…

Silencio.

AITOR: ¿Por qué estamos aquí?

MATEO: Ya sabes por qué estamos aquí…

AITOR: No lo sé…

MATEO: ¿Vas a estar mintiendo toda la noche?

AITOR: No voy a estar aquí toda la noche…

MATEO: Nadie te retiene aquí, puedes irte cuando quieras.

AITOR, *enfadado*: Tienes toda la puta razón…

AITOR se dirige a salir por la puerta.

AITOR no puede salir.

Está cerrada…

MATEO: Ah, pues entonces sí que te retienen.

AITOR: Dame la llave.

MATEO: No va con llave…

AITOR: Abre la puta puerta.

MATEO: No, he pagado la habitación, la tengo en uso y disfrute... Si quieres irte, ábrela tú...

AITOR: Dame la llave y abre la puta puerta...

MATEO: Esa puerta no se abre con llave/

AITOR: ¡Que abras la puta puerta!

Silencio.

MATEO: No... No voy a abrir la puta puerta...

Silencio.

AITOR saca un paquete de cigarrillos y fuma.

Vaya mierda de parches ¿No?

AITOR lo mira.

MATEO: Con las pastillas seguro que no te hubiera pasado.

AITOR: ¿Qué coño quieres?

MATEO: ¿Qué quieres tú?

AITOR: ¿Yo? Irme de aquí...

MATEO: Pues revienta la puerta...

AITOR: ¿Crees que no soy capaz?

MATEO: Desde luego, tan capaz como de pagarla después.

AITOR fuma.

AITOR: ¿Cómo me has encontrado?

MATEO: Tomando algo en un bar... A veces pasan estas cosas... Casualidades lo llaman...

AITOR: ¿Y tú? ¿Cómo lo llamas?

MATEO baja la cabeza.

MATEO: ¿Sabes una cosa? A veces viajo en el tiempo... Solo tengo que cerrar los ojos para verte con aquel uniforme...

Silencio.

AITOR: ¿Quieres hablar del pasado?

MATEO: No... Quiero enfrentarlo.

Pausa.

2002

Aitor sigue masajeando al niño.

Niño: Te enseñaré todo lo que quieras ver... Recuerda que tú decides.

Aitor: Las buenas decisiones vienen de la experiencia...

Niño, *risueño*: Y la experiencia viene de las malas decisiones...

Silencio.

El niño se aparta de Aitor.

El niño mira a Aitor muy confuso.

¿Quién eres tú?

Aitor: Alguien que no te has planteado... Me ha costado mucho invitarte a mi fiesta.

Niño, *confuso*: ¿Por qué?

Aitor: Porque no sabía cómo invitarte...

Niño, *a la defensiva*: No buscarías bien.

Aitor: ¿Coges muchos trenes?

Niño: No.

Aitor: Pues me ha costado encontrarte en la estación.

Niño: Puedes viajar sin billete.

Aitor: ¿Sin salir de la estación?

Niño: Claro... Siempre que sepas dónde estar.

Aitor: ¿Por eso no te encontraba? ¿Por qué viajabas?

Niño: Seguramente...

Aitor: ¿Solo?

> *Silencio.*

Niño: Hay muchos pasajeros en una estación.

Aitor: ¿Viajaste con muchos?

Niño: Claro...

Aitor: Supongo que tú decides el asiento ¿No? (*Coqueto.*) ¿Crees que podría sentarme a tu lado?

> *Pausa.*

Niño: ¿Quieres viajar conmigo?

> *Aitor lo mira confuso.*

Aitor: ¿Tienes pasaporte?

Niño: Donde te voy a llevar no hace falta.

Aitor: ¿Decides tú dónde vamos?

Niño: Siempre podemos cambiar...

Aitor: ¿Te gustaría cambiar?

Niño: Siempre que me dejes...

Aitor: ¿Tengo que darte permiso?

Niño: Claro... Ya noto el frío...

Aitor: Pues será mejor que te pongas algo de abrigo...

AITOR saca su linterna del bolsillo.

El NIÑO se aparta rápido y lo mira sorprendido.

2000

Aitor: Así que por eso estoy aquí...

Mateo: No... Por eso estoy yo... Tú venías a echar un polvo...

Aitor: Debería haberme quedado en casa de mi hermana...

Mateo: Qué tontería... Aquí estás más entretenido...

Aitor: ¿Todo lo que me has contado es mentira?

Mateo: Desde luego que no...

Aitor lo mira confuso.

¿Qué pasa?

Aitor: Nada...

Mateo: ¿Es que soy un riesgo para la empresa?

Aitor: Es que me parece raro que trabajes con niños...

Mateo: ¡Ah! Era eso... Pues es verdad... Me saqué mi grado hace unos años... Conseguí trabajo en una buena empresa...Trabajo con chavales en riesgo de exclusión social, que yo en verdad me descojono, por qué ¿Quién coño no está en riesgo de exclusión social hoy en día? Pero bueno... Después de todo... Aquí estamos...

Aitor: Aquí estamos...

Mateo: Lo que me extraña es que hayas tardado tanto en reconocerme ¿Tan poco signifiqué para ti?

Aitor: ¿Crees que ha sido por eso?

Mateo: No lo sé... Ilústrame...

Aitor: He dejado eso atrás...

Mateo: Pues fíjate que ahora lo tienes delante...

Aitor: ¿Por qué no me dejas salir de aquí? No vamos a llegar a ningún sitio...

Mateo: Hemos llegado hasta esta habitación... Seguro que seguimos avanzando.

Aitor: A tirarnos por la ventana.

Mateo: Tranquilo no pueden abrirse.

Aitor: ¿Has cerrado las ventanas?

Mateo: Claro, porque soy un psicópata, como el de Psicosis... Solo que a mí no me van las pelucas... Ni las viejas...

Mateo se ríe al ver la cara de Aitor.

Es broma tonto, las atrancan por el frío ¿Quién coño iba a querer abrir una ventana en invierno?

Aitor: Yo... ¡Yo! ¡Para salir por ella!

Mateo: ¿Por la ventana? Te vas a hacer daño... Mejor sal por la puerta...

Aitor: ¡Que no se puede abrir!

Mateo: Sí que se puede abrir.

Aitor: ¡Pues ábrela!

Mateo: ¿Yo? ¿Con el frío que hace fuera? Ni de broma...

Aitor: Me está empezando a doler la cabeza.

Mateo: Tómate un gelocatil... En sobre, claro.

Silencio.

Aitor: Esto es absurdo...

Mateo: ¿Crees que ese es un buen adjetivo?

Aitor: No se me ocurre otro adjetivo.

Mateo: Justo.

Aitor mira por la ventana.

Hagamos un duelo...

Aitor: ¿De qué hablas?

Mateo: Un duelo... Como los de antes...

Aitor: Estás loco...

Mateo: Para nada... Nos hemos pasado la vida jugando...
¿Qué importa una partida más?

Aitor: Estás zumbado...

Mateo: Si ganas tú, la puerta se abre.

Silencio.

Aitor: ¿Y si ganas tú?

Mateo: Seguimos jugando...

Silencio.

Aitor: ¿Qué clase de duelo?

Mateo se saca una linterna del bolsillo y se la da a Aitor.
(*Sujetándola en la mano.*) Mi linterna...

Silencio.

¿Cómo has...?

MATEO: Te dije que guardaba muchas cosas... ¿Te acuerdas cómo se jugaba?

AITOR: El primero que alumbre al otro, gana.

MATEO: Exacto.

Pausa.

AITOR se mete la linterna en el bolsillo.

AITOR: ¿Qué coño quieres de mi después de tantos años?

MATEO: ¿Qué quieres tú de tus clientes?

AITOR se mete la linterna en el bolsillo.

AITOR reflexiona.

AITOR: La verdad...

Pausa.

Los dos se miran.

AITOR y MATEO se meten la mano en el bolsillo.

MATEO saca la linterna antes que AITOR y le alumbra.

Pausa.

MATEO: ¿Te lo creíste alguna vez?

AITOR lo mira confuso.

1987

Todo un conjunto de niños sentados en círculo entre ellos MATEO NIÑO y AITOR NIÑO.

Una VOZ habla al público.

Voz: Mirad al cielo... ¿Qué veis? Decidme... ¿Acaso no veis lo que yo veo? Allí no hay delincuencia... No hay guerras... Allí solo hay paz... Equilibrio... Todos iremos algún día... Cuando todo caiga... Nosotros podremos ir... Pero aún no... Primero hemos de estar preparados... Primero hemos de ganarnos el derecho a estar allí... Porque para estar allí, primeo hemos de merecerlo... Hemos de lucharlo... De pelearlo ¡De demostrarlo! Porque nosotros somos los que realmente nos merecemos esto... Si no nos lo mereciéramos ¿Creéis que estaríamos aquí?

AITOR NIÑO saca una pequeña linterna y alumbra al cielo.

2002

El NIÑO empieza a dar patadas a la puerta.

NIÑO, *nervioso e histérico*: ¡Mierda! ¡Joder!

AITOR: Tranquilízate...

NIÑO: ¡Pues déjame salir de aquí!

AITOR: No vas a salir... Al menos de momento...
Niño, amenazante: Pues gritaré... Gritaré como un loco...

AITOR: Hazlo... ¿Quién crees que va a venir?

Silencio.

NIÑO: Joder... ¿Por qué yo?

AITOR: Eso mismo me pregunté yo hace dos años... En esta misma habitación...

NIÑO: Que sepas que no puedes hacerme nada, pedazo de hijo de...

AITOR, *cortante*: No estoy tan de acuerdo... La habitación la he pagado yo... Y soy yo quien decide, como has dicho tú... ¿O es que lo has olvidado?

NIÑO, *llorando*: Yo no lo sabía...

AITOR: Ahora ya lo sabes.

Silencio.

Vamos a conocernos mejor... Te guste o no...

Niño: Eres un...

El NIÑO se dirige a enfrentarse a AITOR, pero este le sujeta.

2000

Silencio.
MATEO se encuentra fuera de escena.
AITOR le pega patadas a la puerta.
AITOR se pone furioso con la puerta.

AITOR, *gritando*: ¡JODER!
AITOR sale a escena y vuelve a la cama.

MATEO: ¿No ha habido suerte?
AITOR lo mira con ira.

MATEO: Sabes... Hay muchas puertas en este mundo...

AITOR: Yo solo necesito abrir una...

MATEO: ¿Es que las otras ya están abiertas?

AITOR: Déjame marchar...

MATEO: No tengo la llave.

AITOR: ¿Qué cojones quieres que te diga?
Pausa.

MATEO: La verdad... Al menos, tu verdad...
Silencio.

AITOR: La verdad es que no puedo mirarte a la cara... No sé qué hago aquí...

Silencio.

MATEO: Has decidido estar aquí...

AITOR: Yo no lo he decidido.

MATEO: ¿Te he obligado a venir? ¿Acaso te he puesto una pistola en la boca?

AITOR: ¿Por qué estás tú?

MATEO: Porque quiero que salgas...

AITOR: ¡Pues ábreme la puerta!

MATEO: Eso intento... Pero necesitamos la llave... Y ya sabes dónde tienes que ir a buscarla...

Silencio.

MATEO se pone frente a AITOR con las manos en los bolsillos.

AITOR, *afectado***:** No me hagas volver allí...

MATEO: No te haré volver... Porque nunca has salido...

AITOR: Joder, tenía mi vida hecha, no tenía que dar cuentas a nadie...

MATEO: Salvo a ti mismo... ¿Verdad?

Silencio.

Analista de riesgos... Menudo trabajo...

AITOR: ¿Qué pasa?

MATEO: Nada, simplemente que nunca me imaginé que trabajarías en algo así...

Aitor: ¿Ah no? ¿Y qué te imaginabas?

Mateo: Siempre creí que serías artista.

Aitor: ¿Artista?

Mateo: Sí... Actor o algo así...

Aitor: Me gusta comer tres veces al día, gracias.

> *Mateo se ríe.*

¿Por qué estás aquí?

Mateo: Ya te lo he dicho.

Aitor: No has dicho una mierda.

Mateo: Por la/

Aitor: ¿Por la verdad? Tú ya sabes la verdad... La sabes desde los ochenta, la mía y la tuya, dime la puta razón, educador de los huevos...

Mateo: ¡Eh! ¡Lo primero! No educo a huevos, educo a niños... O al menos lo intento...

Aitor: Habría que verte...

Mateo: Siempre que quieras, uno de los centros lo tenemos cerca de aquí... Podrías pasarte una tarde para conocer a los críos...

Aitor: ¿Pero de qué coño hablas?

Mateo: Siempre fuiste muy divertido, seguro que se lo pasarían bien...

Aitor, *irónico***:** Claro que sí, y luego nos vamos todos de excursión...

Mateo: ¡Claro! Siempre que puedo los saco por ahí... Hace poco me los llevé a un concierto...

Aitor: ¡Me da igual!

Pausa.

Aitor se pone frente a Mateo con las manos en los bolsillos.

Tú... Has dicho que no puedo huir... ¿Y tú?

Mateo: Yo sigo dentro... Y sigo porque no quiero huir, el día que salga, saldré contigo.

Mateo saca la linterna antes que Aitor y le alumbra.

Pausa.

Por eso estoy aquí... Por ti...

Mateo se dirige a su cartera.

Aitor, *confuso*: ¿Qué haces ahora?

Mateo: ¡Tomarme un puto gelocatil! ¿Es un crimen?

Mateo sale de escena.

1987

MATEO NIÑO habla por teléfono.

MATEO NIÑO, *hablando por un teléfono fijo*: Sí mamá... Estoy bien... Un poco cansado, pero bien... No... No hace mucho frío... Además, tenemos mantas, y a veces dormimos juntos... Sí, hay muchas camas, pero nosotros dormimos juntos... Con algunos monitores también... No, tranquila... Todo está bien... Me duele un poco la garganta, pero todo está bien, no hablo mucho... Pero me duele la garganta...

Se escucha un ruido, como de pasos.

MATEO NIÑO para de hablar, y mira a su alrededor.

No sé... No sé cuándo volveremos mamá... Supongo que en unos días... Sí... Hacemos mucho deporte, me he caído un par de veces, pero estoy bien... Me caeré menos, tranquila... Mamá... ¿Mamá?

MATEO NIÑO mira el teléfono y se confunde al ver que no funciona.

Se escucha el sonido de una voz.

VOZ: Le pido que se dirija al despacho por favor... Hemos de tener una conversación privada...

MATEO NIÑO sale de escena.

Silencio.

Se escuchan golpes de azotes y quejidos de dolor de MATEO NIÑO.

Oscuro.

2002

Niño: ¿Por qué me haces esto?

Aitor: ¿Preferirías que te tratara de otra forma?

Niño: No, preferiría no estar aquí.

Aitor: Yo tampoco... Pero aquí estamos...

Silencio.

Niño: Sabes cómo acabará esto ¿No? Volveré a pasar frío... Acabaré congelado, como un puto cubito de hielo...

Aitor: No volverás a pasar frío... Yo me encargaré de eso...

Niño: No sabes dónde te metes... Si te cruzas en su camino... Te...

Aitor: ¿Qué? ¿Me matarán? ¿Crees que le tengo miedo a la muerte? Mírame a los ojos... Ya estoy muerto...

Niño: Estás loco tío.

Aitor: Lo sé... Porque es una locura para las ovejas hablar de paz con un lobo.

Silencio.

Niño: Thomas Fuller.

Silencio.

¿Cómo sabes esa frase?

Aitor: ¿Cómo sabes quién es Thomas Fuller?

Niño: Me lo enseñaron.

Aitor: Lo hicieron bien... ¿Un pasajero?

Niño: No... Un amigo.

2000

AITOR: Porque era un niño...

MATEO, *desde fuera de escena*: ¿Qué?

AITOR: Me has preguntado si me lo creí... Sí... Me lo creí... Me lo creía...

MATEO, *desde fuera de escena*: Porque eras un niño... ¿Porque eras pequeño? Esa es tu excusa...

AITOR: ¡No es una excusa joder! Es la verdad... ¡Estás loco!

MATEO: Menos mal, porque si no, no sé cómo podría aguantar esta mierda...

AITOR: Estás enfermo...

MATEO, *sonriendo, nostálgico y triste*: Sí... Puede que en eso tengas razón... Porque la salud no se valora hasta que llega la enfermedad...

Silencio.

AITOR: ¿Te enseñan esas frases en las formaciones?

MATEO: No... Las aprendo leyendo con mis chavales... Puedes ver la clase de chaval con el que trabajas al escucharlo leer... Algunos leen rápido y no se fijan... Otros, aunque les cueste, se esfuerzan, y avanzan poco a poco... Puedes ver su constancia, su avance... O, por lo contrario, su impulsividad, su falta de reflexión... Por eso lo que has dicho antes es una gilipollez.

AITOR: ¿Una gilipollez? ¿No te crees que un niño pequeño pueda creerse una mentira? Joder, menudo educador estás hecho...

MATEO: No me vaciles analista...Mírame a la cara, y dime que te lo creíste porque eras pequeño...

AITOR: ¿Por qué iba a creérmelo si no? Los niños pequeños son vulnerables, tú deberías saberlo...

MATEO: Vulnerables, pero no idiotas...Tú y yo sabíamos que algo no funcionaba, y seguimos...

Pausa.

¿Por qué?

AITOR se pone frente a MATEO.

MATEO se pone frente a AITOR.

Silencio.

AITOR: Contesta tú...

MATEO: Ya lo he hecho...

AITOR: Has dicho que decidiste hacerlo, pero no el motivo por el que lo decidiste.

Pausa.

Los dos se posicionan a sacar la linterna.

Espera...

AITOR prueba la linterna y esta no funciona.

(*Por su linterna.*) No funciona...

Mateo: ¿Qué dices?

Aitor la prueba.

Aitor, *por la linterna***:** No va...

Aitor abre la linterna y habla.

Aitor: No tiene pilas.

Mateo: Será por eso por lo que no va...

Aitor: ¿Le has quitado las pilas a la linterna?

Mateo: No se las he quitado... Solo que no se las he puesto.

Aitor: Que huevos tienes...

Mateo: Tampoco te cabrees...

Aitor: No me cabreo. Contesta.

Mateo: ¿Qué?

Aitor: ¿Por qué? ¿Por qué estás aquí?

Pausa.

Mateo mira a Aitor.

Mateo se dirige a salir.

Mateo: Me voy... Esto ha sido un error...

Aitor: ¡Estás flipando!

Mateo: ¿No querías que abriera la puerta?

Aitor: Hace mucho frío fuera... Así que nos vamos a quedar aquí...

Mateo: No tendría que haberte traído.

Aitor: Sí, desde luego que sí...

Mateo: No, ha sido un error...

AITOR: ¿No buscábamos la verdad?

Pausa.

AITOR: Pues sigamos buscándola... Tú has empezado a abrir puertas, y esa (*Señalando a la puerta de la habitación.*) es la última que se va a abrir...

Silencio.

¿Por qué estás aquí? ¿Por qué me has encontrado?

Pausa.

MATEO: Porque quiero hablar contigo...

AITOR: De qué...

MATEO: Del pasado... Del presente... Del futuro...

AITOR: Esa puerta ya la has abierto...

MATEO: No del todo...

AITOR: ¿Y qué coño queda por decir?

MATEO: No tendría que haberte traído aquí...

AITOR: Pero lo has hecho... Dime por qué...

MATEO: No es tan sencillo...

AITOR: Tengo todo el tiempo del mundo.

MATEO, *sonriendo, triste*: ¡Pero yo no!

Pausa.

MATEO se sienta en la cama.

AITOR lo mira muy confuso.

AITOR, *triste*: Mateo...

MATEO: Una vez... Un niño dijo, que morir sería una gran aventura... Creo que lo dijo, porque es la última que vives...

Lo siento… Siento todo esto Aitor… ¿Sabes? Nunca me han gustado los putos juegos de mesa… Porque siempre me ha dado miedo en qué casilla podía caer…

Aitor: Nunca supimos jugar solos…

Mateo: No quisimos hacerlo… Porque jugar solo, era lo mismo que no jugar… Porque siempre fuimos peones… Siempre estuvimos delante… Nunca nos protegieron… Nunca llegamos al final del tablero…

Silencio.

1987

MATEO NIÑO se encuentra encima de la cama.

Voz: Tu valentía es admirable Mateo... No obstante, se empieza a poner en duda tu espíritu... Es la segunda vez que pasas por el juego del ajedrez jovencito...

MATEO NIÑO tiembla de miedo.

Veo que no estás contento, ni interesado en la posición que se te ha proporcionado, y lo último que queremos es hacerte sufrir... Por ello, si decides dejar atrás tu posición, y pasar a ser un individuo corriente... Puedes salir del tablero... Puedes marcharte...

MATEO NIÑO se levanta del mantel y mira a su alrededor.

Puedes dejar de ser uno de nosotros... Y volver a ser quien eras...

MATEO NIÑO mira a su alrededor y respira.

Silencio.

MATEO NIÑO se arrodilla.

Bien... Valoramos tu decisión... Podemos empezar con el juego del ajedrez...

MATEO NIÑO empieza a desnudarse.

2002

El NIÑO se sienta en la cama muy confuso.

AITOR: ¿Jugaste con él?

NIÑO: No... Nunca jugó conmigo...

AITOR: ¿Has jugado con más de una persona?

NIÑO: Con demasiadas...

AITOR: ¿Cómo?

NIÑO: Quiero irme de aquí.

AITOR: Pues contéstame.

NIÑO: ¿Y si no quiero?

AITOR: No podrás nunca volver a citar a Thomas Fuller... Nunca podrías volver a decir su frase... Ni ninguna parecida... Porque para decir algo así, primero tienes que creértelo.

NIÑO: Yo no creo en cuentos... Ya no soy un niño...

AITOR: Eres un crio.

NIÑO: ¿Y tú qué sabes? No me conoces.

AITOR: Más de lo que crees.

NIÑO: ¡Vete a tomar por culo!

Aitor: Ya me fui... Como tú ¿Verdad?

Silencio.

El NIÑO lo mira muy confuso.

AITOR saca la linterna de MATEO del bolsillo y la enciende.

A mí también me la enseñó... Esa frase... No creías que pudiera ser real... Creías que solo era un cuento...

Niño, *muy sorprendido***:** Eres tú...

Aitor: Sí niño...

Niño: Esto no... He intentado alejarme de ti...

Aitor, *irónico:* ¿Cómo te alejas de un fantasma?

Niño: No lo sé... Escuché rumores...

Aitor: Mírame a los ojos chaval, y dime que no querías encontrarme...

El NIÑO aparta la mirada.

No eres un mentiroso después de todo...

Niño: Hazme caso... Hay cosas que es mejor dejarlas como están...

Aitor: Si eso fuera así, no estaríamos hablando.

Niño: Es mejor que me calle.

Aitor: Pues hazlo... Pero no quieres hacerlo... Porque si quisieras hacerlo... yo no seguiría hablando.

Silencio.

Niño, *lloroso***:** Yo creía que... Que podría... Seguir...

AITOR abraza al NIÑO.

2000

Silencio.

Aitor: Joder... Creí que nunca abriríamos esa puerta.

Mateo: No la hemos abierto nosotros...

Aitor: ¿Ah... no?

Mateo: No... Siempre ha estado entornada...

Aitor: Y quieres abrirla de par en par ¿Verdad?

Silencio.

¿Y si yo no quisiera hacerlo?

Mateo: Hubieras salido de aquí...

Silencio.

Aitor: ¿Por qué trabajas con niños?

Mateo: ¿No te ha gustado mi razón de las pensiones?

Aitor: No es creíble... Porque a lo mejor ni llegamos a cobrarlas...

Se ríen.

¿Todavía te cuesta dormir por las noches?

Mateo, *por el gelocatil***:** ¿Crees que esas son las únicas pastillas que tengo?

Aitor mira al suelo resignado.

¿Aún duermes con la lamparita encendida?

Aitor: Cada noche...

Mateo: Dicen que las lámparas son los ojos que deja una madre para cuidar de sus hijos...

Aitor: Recuerdo ese libro...

Mateo: Lo leo con los pequeños... Les encanta...

Aitor: ¿Por qué crees que les gusta tanto?

Mateo: Porque son como éramos nosotros... Niños perdidos... Que esperan que los encuentren...

Silencio.

Aitor: Yo tuve la culpa... He sido, tal vez, uno de tus mayores males...

Mateo: ¿Eso crees?

Aitor: Sí... Lo creo... Entraste en aquel grupo porque te engañé... Porque/

Mateo: Por ti... Entré por ti...

Aitor: Estás loco...

Mateo: Sí... Es posible que sí... Pero tú también... Porque los dos estamos aquí, afrontando la verdad... Mi verdad es que quise entrar... Y tu verdad, es la culpa que sientes... La culpa y la vergüenza...

Aitor: Si yo no te hubiera reclutado...

Mateo: ¡Estabas ciego! Joder hablemos claro... Lo sabes igual que yo... Tu excusa no es que fueras un niño... Tu excusa es que no querías serlo... Querías ser más... Querías ser un adulto... O lo que nos dijeron que era eso.

AITOR: Y me convertí en un monstruo.

MATEO se ríe.

¿Dé que te ríes?

1987

Mateo niño se encuentra en el suelo medio borracho y riendo.

Entra Aitor niño y se sorprende al ver a Mateo niño.

Aitor niño: ¿Qué haces ahí?

Mateo niño, *levantándose y riendo*: Creo que me ha sentado mal la cerveza...

Aitor niño, *nervioso*: Tienes que esconderte...

Mateo niño, *riendo*: ¿Quieres jugar al escondite? La paras tú, venga ¡Juguemos!

Aitor niño, *nervioso*: Cállate y escúchame, métete ahora mismo detrás de la cama, y ni se te ocurra moverte, oigas lo que oigas, no te muevas...

Mateo niño se esconde.

Se escuchan unos pasos.

Aitor niño sale de escena.

Voz Aitor niño: Hola señor...

Voz hombre: Hola chico...

Voz Aitor niño, *respirando hondo*: Esta noche yo seré suyo...

Voz hombre: Y yo seré tuyo... Puedes empezar cuando quieras...

Se escucha el ruido de una cremallera que baja.

Mateo niño se levanta de su escondite y empieza a gritar.

Mateo niño: ¡No! ¡No lo hagas! ¡Para!

Mateo niño empieza a gritar nervioso y fuertemente.

2000

MATEO: ¿De qué me río? (*Amable.*) Los monstruos te mienten, te usan, te soban, te violan... Van a por ti en la noche, cuando estás indefenso... Cuando no ves nada, y estás cegado... entonces es cuando aparecen los monstruos... Vienen cuando se apagan las luces...

AITOR, *llorando*: No pude... No pude sacarte de allí...
MATEO: No... Yo me quedé...

AITOR: Dejé que te... Y yo... Te entregué a los monstruos... Y me convertí en uno de ellos... Me convertí en tu final...
MATEO, *emotivo*: Creo que hemos empezado a abrir la puerta...

Los dos se sonríen llorosos.

AITOR: Lo siento... Siento haberte hecho tanto daño...

MATEO: No... Tú solo eras como yo... Lo que pasa es que no lo sabías... Solo estábamos jugando... Un juego demasiado difícil de entender para nosotros.

AITOR: Te quité lo que nunca nadie podrá devolverte... Te quité la inocencia...

MATEO: No... Solo estuviste allí... Como yo... Como todos... Igual que ahora.

2002

Niño: ¿Por qué lo haces?

Aitor: Porque he hecho una promesa... Y las promesas se cumplen...

Niño: Yo también pienso eso...

Aitor: Entonces dime la verdad.

Niño: ¿La verdad? Puede que le de miedo.

Aitor: No estoy solo para sentirlo, y tú tampoco.

Silencio.

Niño: Un amigo me llamó un día... ¿Quieres ganarte 50€? Hay un hombre que quiere un trabajito... ¿Un trabajito? Sí... Fue mi primera chaqueta... ¿Tienes algo que hacer el jueves después del colegio? ¿Quieres ganarte 30€? Solo tendrás que usar las manos... Fui al cine a ver «Cadena de favores»... Es verano... Seguro que estás aburrido... Vente a una fiesta... Te presentaré a gente... ¿Quieres ganarte 3000€? Pues ve a su villa... Fisura anal... Mandíbula dislocada... Hemorragia interna... Me marché de casa.
Si necesitas algo de curro, ve a la estación de tren... Espera en los lavabos... Siempre hay algo de curro... Siempre.

1987

Mateo niño se encuentra sentado en la cama escuchando.

Voz: El más mayor no hablará... Pero el pequeño...

Voz hombre: He venido a por lo mejor... Y lo mejor es siempre lo nuevo... quiero al pequeño...

Aitor niño se levanta enfadado y nervioso.

Voz: Sea realista... Si entra ahora con el pequeño, con lo nervioso que está, podría dejarle marcas... Y eso no es bueno para ninguno...

Aitor niño se sienta poco a poco nervioso.

Voz hombre: ¿Qué hacen cuando pasan estas cosas?

Voz: Estamos en contacto con varias organizaciones extranjeras... Organizaciones de otras regiones y países... Verá... Usted y nuestros amigos no son los únicos interesados en chicos como estos...

Voz hombre: Organizaciones que seguro que les recompensan ¿Verdad?

Voz: Sin duda...

Voz hombre: Aun así, usted sabe que yo he venido desde lejos por ese crío... Y he venido con una finalidad...

Voz: Lo sé.

Voz hombre: ¿Qué propone entonces?

Silencio.

Voz: Hay un ritual que se suele hacer en el grupo, es como un juego, lo llamamos «El juego del ajedrez» Sirve para demostrar el compromiso de los chicos... ¿Le apetecería verlo?

Voz hombre: ¿Es estimulante?

Voz: Sí... En proporción sí...

Voz hombre: ¿Y podríamos hacer crecer esa proporción?

Voz: Podría dejarle entrar... El problema es...

Voz hombre: Sí, lo sé... Pero quiero que entre alguien...

2000

AITOR: Escuché lo que querían...

MATEO, *confuso y asustado***:** Querían...

AITOR: Sí...

MATEO: ¿Sabían que estabas escuchando?

AITOR: No lo sé...

 AITOR se sienta derrotado.

Todavía recuerdo aquella maldita noche...

MATEO: Yo también... Solo que ahora la veo con otros ojos...

AITOR: Lo siento de corazón...

MATEO: ¿Por qué? ¿Por salvarme la vida?

1987

Aitor niño y Mateo niño se encuentran sentados cada uno en un lado de la habitación.

El tablero se encuentra en el centro.

Se escucha una voz que habla.

Voz: Bien señores… Como ya saben… Todo acto tiene una consecuencia… Por nada del mundo podemos dejar pasar su traición a esta institución que les ha dado tanto… La ingratitud se paga, y también la falta de respeto…

Aitor niño, *gritando, a la voz*: ¡Él no ha hecho nada! ¡Todo es culpa mía! ¡Déjenlo en paz!

Voz: ¡La traición es compartida!

Silencio.

Esta vez, el juego del ajedrez tendrá dos jugadores… Puede usted decidir Aitor… O juega usted con Mateo… O jugará otro…

Aitor niño: ¡No jugaremos con nadie!

Voz: Entonces la partida será anulada… Al igual que usted.

Mateo niño mira a Aitor niño impotente.

Aitor se pone en el centro del escenario.

AITOR NIÑO: Pues aquí me tenéis hijos de puta...

MATEO NIÑO levanta la mano en señal de parada.

MATEO NIÑO se acerca poco a poco a AITOR NIÑO.

Se empieza a escuchar la canción de «No me puedes dejar así» de Luís Miguel.

MATEO NIÑO llora levantando poco a poco a AITOR NIÑO.

AITOR NIÑO se levanta poco a poco llorando.

Los dos abrazados bailan la canción de Luis Miguel.

Los dos se miran llorando y asustados.

MATEO NIÑO le toca la cara a AITOR NIÑO.

MATEO NIÑO y AITOR NIÑO empiezan a desabrocharse la camisa poco a poco el uno al otro.

Sigue sonando la canción.

2002

Niño: ¿Sabes qué me asusta?

Aitor: ¿Qué?

Niño: Dormir... Que sea normal... Que siga sin sentirlo... Pensar que pasa, y seguir...

Aitor: Toma una decisión...

Niño: ¿Y si ya la he tomado?

Aitor: Pues cámbiala... Cambia una decisión por una promesa.

2000

AITOR: ¿Salvarte la vida? Yo fui el que te la quitó, el culpable...

MATEO: A lo mejor, sin ti, hoy no estaría aquí... Al día siguiente acudí a la policía... Les conté todo... Mi madre nunca creyó que su hijo podría ser tan hermético... Tan callado...

AITOR: Aprendimos a guardar secretos...

MATEO: Sí... Es cierto...

AITOR: Lo siento...

MATEO besa a AITOR.

MATEO: No quiero que lo sientas... Quiero que acabemos la partida...

AITOR se levanta nervioso.

AITOR: ¿Qué es lo que me estás pidiendo?

Silencio.

La puerta de la habitación nunca ha estado cerrada ¿Verdad?

MATEO mira a AITOR.

MATEO: Dime cómo se abre amigo mío...

AITOR: El pestillo está en el marco lateral de la puerta... De pequeños...

MATEO: No llegábamos... Por eso no podíamos salir.

AITOR: Sí...

MATEO: ¿Cuántas veces intentaste abrirla?

AITOR: Perdí la cuenta...

    Silencio.

MATEO: Hay niños que siguen sin poder llegar... Hay niños que no pueden abrirla... Son demasiado pequeños... La he abierto más de una vez... Pero... (*Tocándose el pecho.*) El cocodrilo me reclama... (*Mirando a AITOR.*) Quiero que me prometas algo...

2002

El NIÑO se levanta y mira hacia la puerta.

Niño: Yo no prometí nada...

Aitor: Promételo ahora.

Niño: Es algo muy importante, y no sé si podré cumplirlo...

Aitor: Pues cumplámoslo juntos.

Pausa.

Niño: Lo siento...

Aitor: ¿Por qué?

Niño: Por ti... Por él...

Silencio.

2000

AITOR: No puedo conseguirlo Mateo...

MATEO: No... Pero puedes intentarlo... Porque no puedo permitir que caigan... Que los hundan... Como nos pasó a nosotros... Necesito que estés ahí... Trabajo con casi noventa niños, día tras día... ¿Y sabes por qué lo hago? Porque no quiero ser un adulto... Los adultos que conocí, aquellos que deberían haberme cuidado... No fueron más que monstruos... Que pesadillas... Me preguntas si quiero luchar por venganza... No busco venganza... Sino castigo... Ayuda...

Silencio.

¿Por qué te hiciste analista de riesgos?

AITOR: Porque quería saber dónde estaba el peligro...

2002

Niño: Hay muchos como yo...

Aitor: Lo sé...

Niño: ¿Por qué? ¿Por qué a mí?

Aitor: Porque eres valiente... Porque puedes pelear...

Silencio.

Aitor se seca las lágrimas.

2000

AITOR: No estoy preparado para ello...

MATEO: Sí lo estás, solo que estás asustado... Tienes miedo.

AITOR: ¿Y tú no lo tienes?

MATEO: Lo tenía... Hasta que te he visto en el pub.

AITOR: No quiero involucrarme en esto...

MATEO: Pues entonces márchate... Ya sabes cómo salir de esta habitación ¿No? Pues márchate...

AITOR se levanta y se dirige a marcharse.

AITOR: ¿Crees que soy un cobarde?

MATEO: No ¿Lo crees tú?

AITOR: No todo es tan sencillo...

MATEO: Sí lo es...

AITOR: Solo sois ratas abandonando un barco que se hunde...

MATEO: No. Somos el puto iceberg.

AITOR: ¿Qué cambiara si hacemos algo?

MATEO: Todo...

AITOR: ¿Y qué es todo?

MATEO: ¡Todo imbécil! ¡Todo! Yo tampoco puedo dormir por las noches... Yo también bailaba esas putas canciones de Luis Miguel... Yo también miraba al cielo...

Silencio.

2002

Niño: Es como estar atado...

Aitor: Pues desátate.

Niño: No puedo, ya se lo dije a M... No puedo...

Aitor: Sí que puedes...

Niño: No sé cómo hacerlo.

Aitor: Yo tampoco sabía, pero él...

Niño: Él ya no está ¡Joder!

   Silencio.

Nada de esto es real...

2000

MATEO: Nosotros. Nosotros fuimos reales... Cada vez que mirábamos al cielo... Cada vez que bailábamos, que reíamos... Todos nosotros fuimos reales... Porque estábamos juntos... Porque seguimos juntos...

AITOR: Dime... ¿Por qué estoy aquí?

MATEO: Porque has decidido estar... Porque tienes que estar...

AITOR: Yo vine a buscarte aquella mañana... Y hoy has venido tú... No lo entiendo.

MATEO: ¿El qué?

AITOR: Tú... Tu bondad.

MATEO: Aquellos monstruos me quitaron muchas cosas... Mi inocencia, mi juventud... Pero hay una cosa que nunca dejé que me quitasen...

AITOR: ¿Qué?

MATEO: Mi corazón... Mi fuerza...

Pausa.

Prométeme... Que pase lo que pase.... Seguirás adelante...

AITOR: ¿Por qué yo? Hay mil como yo...

Mateo, *saliendo de escena*: Porque eres el más valiente de todos... Porque puedes pelear... Porque sabrás hacerlo.

Mateo sale de escena.

2002

AITOR: Sí, es real...

Silencio.

AITOR: Solo que parece una puta mentira... Por eso es real... Porque nosotros seguimos creyéndolo... Como lo hacía él...

Silencio.

MATEO sale a escena tocando la guitarra y cantando, «Miedo» de M-Clan, desde el otro extremo de la escena.

MATEO para de cantar.

El NIÑO y MATEO se miran y hablan.

NIÑO: Me encanta esa canción...

MATEO: Es muy buena...

NIÑO: ¿De quién es?

MATEO: De un grupo, se llaman M-Clan...

NIÑO: Pues parecen muy buenos...

MATEO: Creo que van a tocar por aquí en unos meses, ¿Qué te parece si os llevo?

NIÑO: Sería guay...

El NIÑO y MATEO se chocan las manos.

MATEO sale de escena mientras el NIÑO lo mira.

Intentó ayudarme...

AITOR: Pero ya no podía ayudar a nadie...

NIÑO: Me habló mucho de ti... Te quería...

AITOR: Nos quería... Por eso hablé... Y por eso sigo buscando a los que son como nosotros... Porque, aunque me cueste, sigo creyendo... Sigo intentándolo...

NIÑO: Me dijo que todo podía pelearse... Incluso lo que estaba perdido...

AITOR, *sonriendo, pasándole la mano por el hombro*: Nosotros somos la prueba de ello...

Sonríen.

NIÑO, *lloroso*: Estoy harto de este maldito sitio... Quiero que se queme... Quiero que salga ardiendo, este puto hotel, la puta estación, los putos viajantes... Todos...

AITOR abraza al NIÑO.

AITOR: Pues encendamos la mecha...

AITOR saca la linterna.

El NIÑO coge la linterna junto con AITOR.

NIÑO: Y prendamos la llama.

Encienden la linterna y la dirigen al cielo.

Oscuro... Mientras la luz sigue alumbrada en el cielo.

LLANTERNES I ESTRELLES EN LA FOSCOR

Els monstres et menteixen, et fan servir, et magreguen, et violen... venen per tu de nit, quan estàs indefens... quan no veus res i estàs enlluernat... aleshores apareixen els monstres... venen quan s'apaguen els llums.

Aquesta rèplica del personatge de Mateo podria resumir perfectament aquesta obra dura, concisa i tallant com un ganivet esmolat, que l'Eric Martínez Girón ha escrit sobre un tema terrible i dolorós i que molt encertadament l'autor ha titulat *Oscuro*.

L'autor de *Barriada* i de *Via en construcción*, obres que parlen de la marginalitat, de la vida als suburbis, de la des-esperança i de la manca de futur de la joventut i de la infan-tesa, de la desprotecció, de l'anhel d'una vida millor (tema ben «txekhovià» que travessa totes les seves peces), fa, amb *Oscuro*, un pas ferm vers una teatralitat més incòmoda, per l'atmosfera i la càrrega simbòlica d'un dels espais (una cambra tancada i barrada, en què ni tan sols les finestres no poden obrir-se) i per l'asfíxia que s'hi respira des de les primeres rèpliques i, sobretot, pel tema que gosa tractar: la pederàstia.

En dos temps, dos espais i dues situacions diferents, mal-grat que el personatge d'Aitor és present en tots dos, que es van alternant en escenes breus i molt concises, l'Eric Martínez ens fa seguir dues trobades: la de dos amics que un passat fosc ha unit i que es troben tancats en una habitació d'hotel l'any 2000, l'Aitor i en Mateo, anys més tard, el 2002, una trobada del mateix Aitor, també en una habitació d'hotel, amb un «nen» molt especial i inquietant i que sembla, d'entrada, una trobada sexual. Un tercer espai i un tercer temps, l'any 1987, servirà de tant en tant de contrapunt per fer entendre «l'origen del mal». O per «il·luminar» el que podria ser l'origen de la «foscor». Una foscor que travessa, des d'aquell moment, les dues cambres d'hotel.

Les escenes breus entre els tres temps contenen rèpliques d'una concisió i d'una brevetat admirables. Com una mena de joc físic, o esport de risc, o esgrima. Com una partida d'escacs, tal com juguen en determinat moment a l'obra, però de les de cronòmetre, amb el temps jugant-hi a la contra, i com si als personatges els hi anés la vida.

La gravetat de la situació, la ferida profunda que els personatges arrosseguen sense cicatritzar, tots i els intents desesperats per tirar endavant i sortir-se'n, fan que en totes dues habitacions d'hotel es respiri una sensació d'angoixa i de desesperació ben palpables. El personatge d'Aitor, el protagonista indiscutible, l'únic que transita pels tres espaitemps de la funció, és qui té finalment la «missió» d'intentar de reconstruir la «trencadissa». Si la seva trobada amb el «nen» l'any 2002, anys després de la seva trobada amb Mateo, arrenca de manera forta, inquietant i provocativa, a mesura que l'escena avança ens adonem que tota l'escena no és més que un intent de «perforació» d'aquesta foscor que habita en tots els personatges, una lluita desesperada no per la supervivència sinó per la «superació».

Si les dues habitacions on es troben reclosos els personatges funcionen com una metàfora gairebé perfecta de la situació interior que tots ells viuen, l'al·lusió a «cremar» l'habitació (amb la mateixa llum de les llanternes amb què els personatges jugaven de petits il·luminant la volta del cel nocturn) s'imposa com a única sortida possible i com a «meta» a la qual només s'hi pot arribar des de la lluita i la sensibilitat. Finalment, el que Aitor intenta amb el «nen» en les escenes de 2002 és el contrari del que els lectors/espectadors crèiem en un primer moment. La trobada sexual esdevé una mena d'educació sentimental. Un intent de trobar la llum dins la foscor. I el personatge de Mateo, l'educador torturat, tot i perdre la batalla, acaba guanyant, a través del personatge del nen, de manera poètica, i gràcies a l'amor «pur» i sense reserves d'Aitor, la guerra, la terrible i fosca guerra. Finalment, la ferida, per fi, sembla que cicatritza.

La forma altament simbòlica i metafòrica dels espais i de l'acció dramàtica, els canvis i salts de temps, les rèpliques àgils i extraordinàriament dinàmiques, la força i la sensualitat dels personatges, el dolor interior i la fragilitat, la pertorbadora sexualitat de determinats moments, el retrat del mal (el «negoci» al qual també s'al·ludeix, rere la pederàstia)... tot plegat fa d'*Oscuro* una obra incòmoda i violenta però també poètica i necessària.

Cal aplaudir, doncs, sense reserves la valentia de l'Eric Martínez Girón en tractar de manera directa i implacable un tema tan polèmic, pertorbador, dur i que tant de mal ha fet a tantes i tantes persones.

L'enhorabona, Eric, per treure a la llum de manera justa, descarnada i també poètica, tanta foscor. Gràcies per encendre les llanternes i apuntar a les estrelles.

Sergi Belbel

UNA CONVERSACIÓN CON NATALIA IGLESIAS MAÑÉ - PSICÒLOGA DE LA UNIDAD INTEGRADA BARNAHUS DE TARRAGONA

¿Qué te gustaría sacar de esta entrevista?
Deconstruir mitos, cambiar la mirada que tenemos al abuso sexual infantil, y poner un poco el foco en entender y respetar a los niños/as adolescentes.

¿Crees que el problema del abuso sexual es algo que se centraliza en unos determinados ambientes? ¿O está en todas partes?
Por desgracia, está en todas partes, si vamos desde lo «*macro*» a lo «*micro*», basándonos un poco en el análisis sociológico, vivimos en una sociedad donde debemos tratar más estos temas desde una perspectiva de género, ya que al final esto podemos observar una extensión de una violencia machista en una sociedad que aún tiene mucho que trabajar.

Si nos vamos un poco más a lo individual, podemos ver referencias desde los casos de personas desconocidas, personas de dentro del entorno, hasta personas de dentro de la familia, y no hay un ambiente que digas «*aquí pasa más*» pasa en cualquier parte.

Si que es cierto que muchos estudios destacan que uno de los ambientes donde más se ocasionan estos actos, es en el ámbito intrafamiliar, entre personas de extrema confianza, y entre personas de dentro de tu núcleo familiar, y aunque sí que es cierto que hay casos en los que no se conoce a la otra persona, la mayoría de los abusadores son de entornos conocidos.

¿Qué causas crees que pueden provocar el abuso sexual? Es decir, ¿Cómo puede una persona llegar a cometer un abuso sexual? Y ¿Por qué?

Primeramente, porque tanto a nivel social como personal hay mucho trabajo por hacer, si ponemos nuestro punto de vista en los estudios realizados, destaca una gran muestra de «*abuso de poder*», no se puede entender una igualdad entre una persona que comete un abuso y su víctima.

El *ASI* (*abuso sexual infantil*), se produce en entornos donde no hay nadie, donde tal vez no hay personas de confianza, ni referentes, y hay una proximidad, y una relación de confianza entre el abusador y el menor.

También puede haber posibles situaciones de maltrato, y puede existir correlación entre haber estado victimizado en una infancia, y cometer un abuso sexual, con toda la sintomatología que todo ello conlleva.

Hemos de reflexionar que, a nivel social, todo lo que se nos enseña, se lleva más al individualismo, a no enfatizar con el resto de las personas, y creo que, si ya nos centramos en las victimizaciones sexuales a niños/as y adolescentes, no se ven a estas personas como individuos con derechos, entonces, en referencia a los abusadores, cuando no conciben a esos niños/as y adolescentes como «personas» o sencillamente, al no verlos como personas igual a ellos, obviamente la empatía no existe.

De la misma forma, muchos de los abusadores, tienen una gran distorsión de la realidad, y esa distorsión no deja de evolucionar en los momentos en los que estas personas llevan a cabo una maduración en el ámbito de la socialización. Exponiendo un caso como ejemplo, recuerdo que en una formación se expuso la situación de un padre que había violado a su hija, al hablar con él, el hombre expuso:

—*¿Si no enseño yo a mi hija a tener sexo, quién va a enseñarle?*

No se educa en empatía, vamos muy mal en este ámbito y creo que todo va muy en esto, y aún que no es mi ámbito, sí que puedo exponer que el porcentaje de personas condenadas por abuso sexual, que tenían como causa una enfermedad mental, es muy bajito, y quiero romper un poco con esto, la mayoría de los abusadores no son enfermos mentales, son personas que tienen una idea de individualismo total, y una falta de empatía bestial.

Hablemos un poco de la empatía.
Sinceramente, creo que es una reflexión cuya respuesta desconozco, creo que a nivel emocional no llegamos a profundizar, a nivel emocional nos bloqueamos, venimos de unas generaciones, que a nivel emocional, se ha censurado mucho, entonces, cuando te desarrollas en unos entornos que a nivel emocional, no se habla, que no se muestra, no se expresa, obviamente, te va a costar mucho más entender unas emociones que te enseñan en papel, creo que al final, si tenemos tanto bloqueo a la hora de entender, expresar, gestionar emociones... Pues obviamente habrás bloqueado esa empatía, porque si no puedes gestionar o entender tus emociones, no vas a poder conectar con las del resto.

También por otro lado, creo que el hecho de que vivamos conectados a una pantalla, donde la emoción no está realmente, y si está, es una «*Emoción filtrada*» o son «*Emociones con filtros*» frenamos a nivel emocional y empático, pues si tu constantemente estas recibiendo este tipo de inputs, lo que ocurre por otro lado es que se crea una distorsión de la realidad, de la misma forma que creo que deberíamos acompañar mucho más a los niños/as y adolescentes en este ámbito, pues tampoco se debe criminalizar a las redes.

Si miramos las estadísticas, podemos ver que ha habido un aumento en referencia al abuso sexual en los últimos años ¿A qué crees que es debido?
Justo revisando los datos de la unidad en la que trabajo en Tarragona, he visto que los casos que entraron, al empezar nuestra labor, llegan a un centenar, incluso puede que lleguen a los doscientos, y el año pasado, ya llegamos a los doscientos noventa y cuatro, aproximadamente, dicho por encima, yo personalmente creo que esto es debido a que sí que se está haciendo un trabajo de concienciación, tanto a los niños/as como a los profesionales, por ello es muy importante que la gente sepa detectar este tipo de situaciones, de la misma forma que es importante que la gente conozca los indicadores, y el hecho de que se pueda llegar a informar, de la misma forma que también se está viendo que los niños/as están empezando a hablar y a decir las cosas.

En la mayoría de los casos de abuso sexual en los que he trabajado, uno de los detalles que más me llama la atención, es el silencio, la percepción por parte de la

gente sobre el abuso, y la no exposición de este a las autoridades ¿A qué crees que es debido esto?

Teniendo en cuenta que la mayoría de las victimizaciones se da en el entorno de confianza del menor, una de las cosas que pasa, al *exponer*, (*usamos revelar un BNH*) es que se pone en duda la veracidad de esos hechos. Las primeras reacciones, lo que generan en muchas ocasiones es mucha culpa en la víctima, de la misma forma que también destacan los prejuicios.

Nos enseñan a no meternos en lo que no nos incumbe, nos enseñan a pensar en uno mismo, y para las propias personas que son víctimas, al no haber testigos, piensan que no los van a creer.

Al ser personas del entorno próximo, el plantearse las consecuencias a nivel familiar i social que pueden ocurrir tras una revelación, también frena que se pueda contar, ya que exponer un ASI, implica cambios que las victimas pueden querer evitar, como un daño social que suele aumentar la afectación que una persona puede padecer.

De la misma forma que a nivel social, la gente no se atreve a denunciar, igual que se minimiza, creo sencillamente que tenemos muchísimo trabajo por delante como sociedad y también como individuos, aún hay que hacer mucha prevención y mucha educación sexoafectiva, y empezar a integrar en nuestro ADN que esto no está bien.

Uno de los temas sobre los que también quería hablar contigo, son los llamados «*Jóvenes Escorts*» o «*Niños Escorts*» niños/as que se dedican a vender su cuerpo con la finalidad de conseguir dinero, en más de una ocasión, han sido destacados, espacios, donde estas prácticas se han llevado a cabo, mi pregunta es ¿Por qué crees que estas noticias se difuminan tan rápidamente? ¿Para evitar una mala imagen de la ciudad? ¿Tal vez algo más oscuro?

Para responder a esta pregunta, no utilizaré el termino de *«niños escorts»* porque es una victimización hacia el menor, y al final no dejan de ser, unas personas adultas, pagando y manipulando a unos niños que son vulnerables, que tienen necesidades que saciar, que claramente no están tomando esa decisión, que obviamente son niños con situaciones precarias, sin referentes, con unas mochilas enormes, y unas personas adultas, ofrecen un intercambio sexual, pero que jamás dejará de ser una victimización.

Pensando un poco en casos reales, se aprecia una necesidad básica de estos niños/as y adolescentes que no están siendo cubiertas, y al no estar cubiertas, no se llegan ni a plantear la sexualidad como tal, si tú no puedes ni comer, ni dormir, te va a dar igual lo que hagan contigo para poder llegar a este extremo.

Recuerdo algún caso de algún niño, el cual expuso que, en alguna salida, encontró a un señor que le compró unas bambas a cambio de una mamada... Un niño con unas bambas nuevas chuleando y diciendo:

> *— Un tonto, que, por una mamada, me ha comprado estas bambas.*

Te planteas como puede ser que conciba eso como un intercambio, como algo guay, y lo iguale, cuando no es igual, porque tú lo que cedes a esta persona es tu intimidad, es tu sexualidad, es tu persona, y el abusador, solo te está comprando unas bambas, pero cuando son tan vulnerables, esto no lo conciben tal y como tú y yo lo concebimos.

Son personas vulnerables ¿Por qué? Porque carecen de las necesidades más básicas, y también se incluyen las de *afecto*, las de *apego*, las de *falta de referentes*, y estas necesidades son muy fáciles de ser cubiertas, si tú tienes a un niño, que no lo han querido, que no ha tenido personas seguras en su vida, y aparece alguien que empieza a suplir estas necesidades, pues el resto ya estaría servido.

En España, al igual que en otros países la lucha contra el abuso sexual a menores es algo en lo que están participando muchísimas organizaciones, de hecho, el proyecto Barnahus, se ha instalado en nuestro territorio desde hace un tiempo, por favor, ¿Podrías explicarme su funcionamiento?
El proyecto Barnahus es un proyecto que nace en países del norte, i desde aquí se decide replicar un poco el funcionamiento, quien empieza el liderazgo es el departamento de *infancia*, junto con el departamento de *salud*, y se unen el de *justicia*, *educación*, *interior* e *igualdad* y *feminismos*.

La idea del proyecto Barnahus es poder dar una atención integral a los casos de abuso sexual infantil, se crean diferentes instalaciones, las llamadas «Casas» con la idea de que el niño no se tenga que desplazar a ningún sitio.

Cuando entra un caso (que puede entrar desde cualquier dirección) llega el caso a la unidad, se analiza en una reunión donde participan todos los departamentos, y en este análisis se detectan que necesidades puede haber:

—*¿Se ha denunciado?*

—*¿Es una agresión con penetración? ¿Se ha de hacer una revisión médica?*

—¿*El niño está protegido? ¿Tiene referentes?*

—...

Una vez analizado el caso, la idea es poder adaptarnos a cada caso en particular.

Una vez realizada esta pequeña reunión, el equipo psicosocial (formado por un trabajador social y un psicólogo) que son los referentes del caso, se encargan de realizar la acogida de la familia.

El psicólogo hace un análisis de cómo está el niño.

> —*En referencia a como esté el niño/a se le puede ofrecer un tratamiento psicológico del que se encargaría el departamento de salud.*

> —*Se garantiza que, durante el acompañamiento judicial, se respetaran los derechos del menor.*

El trabajador social se encarga de trabajar con la familia para poder dar herramientas y que puedan trabajar con el niño/a.

¿Crees que con estas nuevas herramientas que se están implantando en nuestra sociedad actual, podremos luchar más duro contra el abuso sexual?

Si, ya que al final lo que estamos viendo, es que aun que haya una red de trabajo, los casos son más fáciles de localizar, y empieza a haber un empoderamiento de los menores, de la misma forma que hay más familias y profesionales preparados.

MIRANDO A LA OSCURIDAD

Caso 1:

Recuerdo que me invitó a su casa, y nada más entrar a su comedor me dio un beso en los labios, lo cierto es que me quedé un poco en choc, entre otras razones porque para mí un beso en los labios es algo muy personal, y no me suelo pesar en los labios con cualquier persona.

Cuando lo conté a mis allegados, recuerdo que el tema se diluyo, es decir, no se dio como una importancia excesiva, se dijo «Hay gente que saluda así», «Estaría borracho».

Unos días después, volvimos a coincidir en una fiesta, y a uno de mis mejores amigos, le toco el culo. Ante este acto, yo reaccioné, y le dije que le iba a partir el brazo.

Cuando nos fuimos, me apretujo contra su cuerpo, y me dijo que si me iba con él a su apartamento.

No se habló mucho los días siguientes sobre el tema, pero sí que se dijeron frases como:

— *«Es un productor, no se tiene que hacer nada».*

— *«Son así».*

Caso 2:

Recuerdo que lo conocimos en una cena, el motivo por el que se dio este acto era que queríamos presentar un proyecto para que lo produjera. Él era productor.

En aquella cena recuerdo más de una cosa significativa, la primera es que apareció con un chico joven, que además era actor, y estuvo exhibiéndolo como tal, por su trabajo. Por otro lado, se reía mucho, y cada vez que se reía, se te acercaba mucho a la cara. Una de las cosas más significativas de aquella cena fue una de sus frases:

— *Poned diez euros cada uno que el resto de la cena la pago yo.*

Sinceramente, salimos del restaurante riéndonos de la situación, «El típico productor adinerado que quiere impresionar» el pan de cada día.

Unas semanas después acudió a uno de los ensayos del proyecto que estábamos llevando a cabo, y se mostró muy interesado en ayudar en nuestro trabajo.

— *«Hemos triunfado».*

Ese fue nuestro pensamiento cuando este sujeto nos dio esperanzas, o, mejor dicho, nos engañó a todos.

No obstante, durante uno de los momentos del ensayo, vi que le miraba el trasero a uno de mis compañeros.

Unas semanas después, acudí a una entrega de premios cinematográficos en Barcelona, una amiga acababa de ganar uno de los galardones y fuimos a celebrarlo con ella.

— *¿Y sabéis quien estaba allí?*

Desde el momento en el que me vio, y durante toda la velada, estuvo acosándome sexualmente.

Se ponía encima de mí, intentaba besarme, incluso llego el punto en el que coloco mi mano sobre sus genitales.

Un mes después, fue detenido por abuso sexual.

Caso 3:

Éramos compañeros en una producción de un teatro público.

Era mi primer papel de ese calibre, así que me sentía un poco perdido. Él, un actor de 44 años, famoso y que conocía a toda la compañía e industria, me ayudó y se prestó a hacerme de mentor. De ahí surgió una amistad que yo creía que era genuina. Tanto en privado como enfrente de toda la compañía, decía que yo le gustaba, y hacía insinuaciones sexuales todo el rato. Como su actitud era tan desacomplejada, nadie se lo recriminaba, se reían como si fuera broma y decían:

— *«Ya sabemos cómo es él».*

Yo no sabía cómo negarme sin quedar mal.

A mí él no me gustaba, y le decía que no, a veces en tono desenfadado y a veces más taxativo. Pero seguía. Me abrazaba de forma excesiva, me acariciaba, incluso una vez, cuando salimos a saludar en los aplausos, me pellizcó el trasero por detrás.

Durante los meses de ensayo y funciones, me hacía regalos, me invitaba a cenar, me presentaba a gente influyente y oportunidades de trabajo, y luego me culpaba diciéndome que yo no lo quería como él a mí, con lo que todos esos favores empezaron a ser un argumento para forzarme aún más. El momento crítico fue cuando me invitó a una fiesta, llena de famosos. Supongo que quería deslumbrarme, mostrándome una vez más su poder. Y lo consiguió. Me emborraché muchísimo y, sin saber muy bien cómo, nos acabamos besando, y no sé cómo terminé en un baño del plató con él. Me bajó los pantalones y los calzoncillos y se arrodilló para hacerme una felación, pero justo en ese momento reaccioné y le paré. Él se enfadó muchísimo y salió del baño dando un portazo. Luego, me dijo que yo le había herido y tuve que pedirle perdón, me sentía mal.

Olvidé ese episodio hasta 3 años después.

Caso 4:

No tenía ni dieciséis años, y lo hacía como algo natural, salía de fiesta, y alguien ligaba conmigo, hasta que un día, alguien me dijo que cuanto cobraba.

Entonces fue cuando empecé a entrar gratis a las discotecas, o a las fiestas en los barrios altos...

Antes de todo esto, mi hermano abuso de mí. En mi casa siempre se negó.

Un día me ofrecieron casi seis mil euros por pasar una noche con alguien. Vi que era la oportunidad de mi vida.

Me llevó a una villa. Me corto con cristales en el ano, me pegó, me colgó...

Me dejaron en una calle donde me recogió la ambulancia unas horas después.

Caso 5:

Vivía con mi madre en un pequeño piso que compartíamos con dos chicos más.

Mi madre trabajaba de noche, y yo estaba tumbada en la cama, uno de los chicos empezó a tocarme los pechos, al principio me hice la dormida, pensaba que así me dejaría, pero siguió...

Después empezó a besarme en el cuello, y luego me quito la parte de abajo del pijama.

Se puso encima y noté una gran presión en mis partes, presión y dolor. Todo se llenó de sangre.

Recuerdo que lo que más miedo me dio, fueron las sábanas manchadas, las metí corriendo en la lavadora. Tenía 13 años.

Caso 6:
Estaba bajando en el ascensor de mi bloque, cuando dos hombres entraron.

No tendrían más de treinta años.

Sin decir nada empezaron a tocarme los pechos... Mis partes...

Recuerdo que grité.

El ascensor paró y salieron corriendo.

Nunca más volví a verlos.

No había cumplido los 15 años.

Este libro,
impreso
los talleres de Gráficas Arrels
de la ciudad de Tarragona,
fue terminado
el día 15 de mayo de 2025

Volums publicats:

Textos a part
Teatre clàssic

Textos a part
Teatre per a joves

Textos aparte
Teatro pera jovenes

Textos aparte
Teatro contemporáneo